L'île des Géants

Marie Vaudescal est née en 1977 à Tarbes dans les Hautes-Pyrénées. Enfant, elle passait tous ses week-ends à arpenter les montagnes avec ses parents. À cette époque, elle faisait aussi beaucoup de musique. À 18 ans elle est partie à Toulouse étudier la psychologie. Vers la fin de ses études, en 2002, elle a commencé à écrire pour les enfants.

Du même auteut dans Bayard Poche :
Les orphelins du ciel (j'aime lire)

Didier Balicevic est né en 1974. Après avoir fait ses études à Strasbourg et vécu en Grande-Bretagne, il s'est lancé dans l'aventure de l'illustration pour enfants. Il collabore régulièrement avec Bayard Jeunesse, et a notamment illustré *Le château fort* dans la collection Youpi. Si Didier rencontrait un jour un génie, il lui demanderait de traverser les siècles passés comme on se balade dans un parc d'attractions...

Du même illustrateur dans Bayard Poche :
Gad le génie (Mes premiers J'aime lire)
Mon aventure sous la terre (j'aime lire)

Deuxième édition

© 2009, Bayard Éditions
© 2008, Bayard Éditions Jeunesse
© 2005, magazine *J'aime lire*
Tous droits réservés. Reproduction, même partielle, interdite.
Dépôt légal : septembre 2008
ISBN : 978-2-7470-2571-3
Loi du 16 juillet 1949 sur les publications destinées à la jeunesse

L'île des Géants

Une histoire écrite par Marie Vaudescal
illustrée par Didier Balicevic

J'AIME LIRE
bayard poche

1
Nuits blanches

Cette nuit encore, le cri réveilla Scott Mac Pherson en sursaut. C'était un cri glacial, aigu, effrayant, qui résonnait dans la campagne et qui coulait le long des collines verdoyantes. Toutes les nuits, depuis plus d'un mois, c'était la même chose.

Scott se leva et partit s'accouder à la fenêtre de sa chambre.

— Où vas-tu, Scotty ? demanda son petit frère.
— Nulle part, rendors-toi, il fait encore noir.

Dehors, au bout de la rue qui descendait en zigzaguant, le loch* Lomond brillait sous les rayons de lune. Et, au milieu du loch, à une demi-heure à la rame, l'île des Géants paraissait plus noire et plus menaçante que jamais.

Scott avait remarqué que plus les jours passaient et plus ces cris terrifiants rendaient les villageois nerveux. Ils ne dormaient plus la nuit. Alors, le jour, ils étaient tellement fatigués qu'au moindre couac de cornemuse, ils se disputaient. Les troupeaux terrorisés ne donnaient plus que du lait tourné et de la laine terne. Scott songea

* En Écosse, un loch est un lac ou un bras de mer qui s'allonge à l'intérieur des terres. Ce mot se prononce « loke » en français.

qu'il était grand temps de faire quelque chose.

La veille, Scott avait vu Fergus Brown fanfaronner devant plusieurs filles. Cette andouille de Fergus répétait :

– Ça oui ! Je suis bien le seul dans ce village à ne pas avoir peur de ces cris. De toute façon, avec ma technique très spéciale, je suis sûr d'arriver à faire taire cette chose.

Scott se demandait bien par quel moyen « très spécial » Fergus comptait dompter « la chose ». En tout cas, ce n'était pas en restant à crâner au village qu'il y arriverait.

En fait, chacun avait son avis sur la question. Pour Scott, ces cris terrifiants venaient de l'île. Lorsqu'il se glissa à nouveau entre ses draps tièdes, il avait pris sa décision. Le lendemain, Scott prendrait la barque de son père et partirait faire un tour vers l'île des Géants.

2
La traversée du loch

Le lendemain matin, Scott avala son lait tellement vite qu'il se brûla la langue.

– Fais un peu attention ! gronda sa mère.

Mais Scott ne l'écoutait pas. Maintenant qu'il avait pris sa décision, il était vraiment pressé de partir. Avant de sortir, Scott demanda :

– Est-ce que je peux emprunter la barque ?

– Eh bien, oui, je suppose, répondit sa mère, mais je voudrais que tu me dises où tu vas !

– Juste par là, sur le loch, j'ai envie de pêcher.

Sa mère ajouta sûrement quelque chose au sujet de l'île dont il ne fallait pas s'approcher, mais Scott était déjà beaucoup trop loin pour l'entendre. Il dévala les rues du village, où il croisa Fergus qui, déjà, se pavanait devant une petite troupe d'admirateurs matinaux.

Fergus disait :

– Venez me voir cet après-midi, vous verrez que j'aurai trouvé la solution à tous ces problèmes… Hé ! MacPherson ! Où cours-tu si vite ? Le loch n'est pas un endroit pour les demi-portions !

Scott lui aurait bien répondu quelque chose mais, au lieu de ça, il enjamba la murette en ruine du champ des MacDuffy et rejoignit la berge.

Au bord du loch, le brouillard ne s'était pas encore levé. Toutefois, malgré les nappes blanches, on pouvait voir, au loin, les contours escarpés de l'île des Géants.

Scott poussa la barque de son père jusqu'à l'eau et grimpa dedans.

– Hé, petit ! Où vas-tu comme ça ? cria le vieux MacDuffy, qui descendait vers la berge en agitant sa canne.

Mais Scott ne répondit pas et il commença à ramer dans la brume.

– Fais attention, petit ! brailla encore le vieux MacDuffy, les cris qu'on entend sont des chants de sirènes. Elles remontent du large pour couler nos bateaux ! Prends garde à toi, Scotty !

Au fond de lui, Scott savait que ces cris n'étaient pas ceux de sirènes. Non, il y avait autre chose…

Le clapotis de la barque qui glissait sur l'eau fut le seul bruit que Scott entendit pendant la traversée. Plus il approchait de l'île et plus son estomac se nouait.

Lorsqu'il arriva au pied de la montagne, Scott ne vit d'abord rien : aucune trace de monstre ni de sirène. Le cœur battant à tout rompre, les oreilles bourdonnant d'angoisse, il amarra sa barque et posa le pied sur l'île.

3
Un monstre invisible

L'île des Géants était un endroit maudit, un îlot lugubre sur lequel jamais aucun villageois ne s'aventurait. Scott fit quelques pas sur la berge, puis il escalada quelques rochers, mais, voyant qu'il n'irait pas plus loin par cette voie, il s'arrêta. Un peu découragé, il s'apprêtait à faire demi-tour pour chercher un passage moins raide lorsqu'un cri terrifiant déchira le brouillard. La chose qui hurlait était donc bien sur l'île !

Malgré sa terreur, Scott s'arma de courage et appela :

– Il y a quelqu'un ?

Et, à nouveau, un cri à glacer le sang lui répondit. Scott tremblait comme une feuille morte, mais il réussit pourtant à articuler :

– Qui êtes-vous ? Montrez-vous ! Je ne vous vois pas !

– Mais bien sûr qu'il ne nous voit pas ! pesta soudain une toute petite voix. Un peu plus bas ! Regarde un peu plus bas !

Scott crut d'abord qu'il avait mal entendu mais, en regardant le bout de ses pieds, il découvrit une toute petite chose qui cherchait à grimper sur sa semelle. Il la regarda s'agiter avec des yeux tout ronds et se baissa vivement pour la voir de plus près :

– Hé ! Ho ! Attention, quand même ! fit soudain la petite chose, tu vas écraser ma sœur !

Scott sursauta et regarda autour de lui. Une autre petite chose était agrippée à ses chaussettes. Il les attrapa toutes les deux et les déposa dans le creux de sa main.

Les êtres miniatures affichaient de larges sourires.

— Eh ben, c'est pas trop tôt ! dit l'un. Enfin, le principal, c'est quand même que tu sois là. J'ai cru que personne ne viendrait jamais sur cette île de malheur !

L'autre petit être ajouta :

— Pourtant, ça fait plus d'un mois qu'on crie comme des fous pour que quelqu'un nous vienne en aide !

Scott était stupéfait. Il demanda avec méfiance :

– V-v-vous voulez dire que c'est vous qui criez comme ça ?

– Forcément que c'est nous ! Tu vois quelqu'un d'autre, ici ?

– N-non… Mais vous êtes si petits ! s'exclama Scott. Et vos cris sont si forts et si horribles !

– Ah bon ? Ils sont horribles ?

– Tout le monde a peur au village, dit Scott. Les gens sont tellement nerveux qu'ils se disputent tout le temps. Les vaches sont inquiètes, les moutons ont perdu leur appétit… Et pourquoi croyez-vous que personne ne vient plus pêcher autour de l'île ?

Les deux petits êtres se regardèrent, surpris.

– Si vous voulez que les gens vous viennent en aide, il faut les appeler plus gentiment ! conseilla Scott.

— Tu es bien venu, toi, observa l'une des deux choses.

— Oui, mais moi, c'est différent. Je voulais vraiment savoir qui… Et puis je ne voulais quand même pas que Fergus…

Les deux petites choses fixèrent Scott avec des yeux intrigués. Scott demanda :

— Et puis, qui êtes-vous, d'abord ?

— Nous ? Ça ne se voit pas ? On est des géants ! s'exclamèrent les deux petits êtres.

— Des géants ? répéta Scott, le souffle coupé.

4
La bataille
des hommes et des géants

Sans laisser à Scott le temps de réagir, les petits « géants » demandèrent à leur tour :

— Et toi ? Qui es-tu donc ?

— Heu, je suis Scott, Scott MacPherson et je, heu… Mais enfin ! Les géants, c'est grand, pas minuscule comme vous !

— Ah oui ! Bien sûr… C'est parce que nous avons eu quelques petits problèmes, expliqua l'une des choses. En fait, tu n'as qu'à te dire que Té et moi, nous sommes des géants miniaturisés.

Et, ainsi, Scott découvrit que les deux géants miniatures étaient frère et sœur. Té était le garçon et Fi, la fille. Et tous deux avaient visiblement besoin d'aide.

— Écoute un peu, dit Té, sais-tu pourquoi cette île s'appelle l'île des Géants ?

Scott fit non de la tête.

— Il y a des milliers d'années, expliqua Té, nous, géants, peuplions les terres d'Écosse. Lorsque les hommes sont venus, ils nous ont chassés avec des armes.

— Nous étions forts, n'est-ce pas, Té ?

— Oui, vraiment très forts !

Té ajouta :

– Mais pas suffisamment pour résister aux hommes. Nous avons perdu beaucoup des nôtres dans les batailles. Alors, notre reine a ouvert un passage, ici même, pour que nous puissions nous échapper dans un autre monde.

» Hélas, Scott, notre reine n'était pas la seule à connaître la magie et, avant que Fi et moi arrivions au passage, un homme magicien nous a jeté un sort. Il nous a rendus plus petits que des mouches et nous a expédiés dans les entrailles de la Terre.

 » Voilà notre histoire, Scott MacPherson. Petit pas par petit pas, nous sommes remontés lentement vers la surface. C'est ainsi qu'il y a environ un mois nous avons retrouvé la lumière. Depuis, nous appelons à l'aide.

— Et que pourrais-je faire pour vous aider ? demanda Scott.

— Pour que nous puissions passer la porte, tout en haut de l'île, il nous faudrait retrouver notre taille normale, enfin, je veux dire notre taille gigantesque. Et, pour rompre le sortilège qui nous a rendus si petits, il faudrait que quelqu'un nous apporte une harpe et qu'il laisse le vent jouer pour nous sa musique.

— Le vent ? s'étonna Scott.

– Le vent ! Parfaitement. Seul le vent en passant dans les cordes peut nous libérer du sort. Connaîtrais-tu quelqu'un qui possède une harpe ?

Scott tordit le nez.

– Oui, je connais quelqu'un, mais…

– Oh, c'est fantastique ! s'écria la petite voix de Fi. Nous allons enfin pouvoir rejoindre les nôtres ! Tu te rends compte, Té ? Il y a si longtemps !

Scott n'avait pas le cœur de décevoir les « géants ». Comment dire non à ces deux petits êtres qui le prenaient pour leur sauveur ? Mais à présent, le vrai problème était que la seule personne à posséder une harpe au village n'était autre que Jill Brown, la sœur de Fergus Brown, le garçon que Scott MacPherson détestait le plus sur cette terre.

5
Les deux clans

L'histoire de la dispute entre les familles MacPherson et Brown était presque aussi vieille et aussi embrouillée que l'histoire des géants. Chez les Brown, on racontait que Tob MacPherson, l'arrière-grand-père de Scott, avait roulé sur le pied de l'arrière-grand-tante de Fergus avec sa charrette pleine de fourrage. La grand-tante avait eu le pied broyé et son fiancé avait refusé de l'épouser.

 Bien sûr, les MacPherson avaient une tout autre version de cette histoire. Ils racontaient que la tante s'était jetée sous la charrette pour ne pas épouser l'homme auquel sa mère voulait la marier. Bref, le résultat était que les deux familles se détestaient depuis.

Lorsque Scott arriva chez les Brown, une curieuse file d'attente piétinait devant la maison. Le vieux MacDuffy donnait de petits coups de canne pour tenter de passer devant tout le monde. Un garçon expliqua à Scott que Fergus pouvait lire l'avenir dans le haggis*. Chacun voulait savoir ce qui lui arriverait quand il se retrouverait nez à nez avec le monstre qui poussait les cris.

* Haggis : panse de mouton farcie et parfumée d'épices.

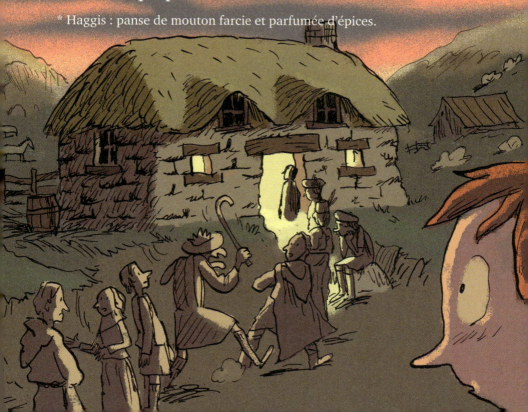

En effet, à l'intérieur, Fergus, assis à une table, fixait une assiette de haggis d'un air très concentré.

– Tu comptes aspirer ton haggis par le nez ? demanda Scott, moqueur.

Fergus releva la tête et beugla :

– Sors d'ici, MacPherson ! Je n'ai pas le temps de me battre ! Je suis en train de sauver le village, au cas où tu ne l'aurais pas remarqué !

– Je vais m'en aller, répondit Scott, mais pas avant d'avoir parlé à ta sœur.

– Laisse ma sœur tranquille, ou je…

— Je suis ici, coupa une voix féminine. Que me veux-tu, Scott MacPherson ?

— Jill, bonjour, je… je suis venu te demander un service, bafouilla Scott.

Jill eut un air indigné :

— Un service ? répéta-t-elle, c'est bien la première fois que tu m'adresses la parole, Scott MacPherson, et tu voudrais que je te rende un service ? Je pensais que tu ne connaissais même pas mon prénom.

Fergus toisa Scott d'un air triomphant. Jill n'avait pas tort, elle n'avait aucune raison de lui venir en aide. Scott cherchait quelque chose à répondre, quelque chose de pas trop bête. Heureusement, ce fut Fergus qui intervint :

– Monsieur MacPherson, la porte est par ici, ricana-t-il.

– Je suis encore capable de me défendre seule, Fergus ! le coupa Jill.

Et elle ajouta :

– Très bien, Scott, viens m'expliquer…

6
Sur la montagne

Jill était une Brown, mais elle était vraiment gentille. Et intelligente : elle comprit très vite le problème de Scott.

– Je ne veux pas juste te prêter ma harpe, protesta-t-elle, je veux venir avec toi. S'il y a vraiment des géants sur cette île, je veux les voir, moi aussi.

Un peu plus tard, Scott embarqua Jill et sa harpe, puis il rama de nouveau jusqu'à l'île des Géants. Là, Té et Fi les attendaient de pied ferme.

— Tu en as mis du temps ! protesta Té.

— On a fait ce qu'on a pu, grogna Scott, estimez-vous heureux. Si vous aviez dû attendre après Fergus Brown, ça aurait pris des siècles.

Jill lança un regard noir à Scott.

— Où voulez-vous que j'installe ma harpe ? demanda-t-elle.

— Pose-la par ici, répondit Té en pointant son minuscule doigt devant lui.

Jill et Scott placèrent la harpe en équilibre sur le rocher. Tous se regardèrent, puis fixèrent la harpe, mais rien ne se passa.

— Il n'y a pas de vent ! Comment voulez-vous qu'il fasse chanter les cordes ? dit Scott.

— Je pourrais peut-être jouer, proposa Jill.

— NON ! répondirent ensemble les deux petits géants, il faut que ce soit le vent.

Scott regarda la montagne et dit :

— Alors, je crois qu'il ne nous reste plus qu'à escalader l'île. En haut il y a du vent, c'est sûr.

Et c'est ainsi que Scott, Jill, les deux géants et la harpe commencèrent leur dangereuse escalade.

Arrivés à mi-chemin, ils se reposèrent un peu. Le vent ne soufflait toujours pas. En repartant, Jill, qui était épuisée, glissa sur un rocher et commença à dévaler la pente. Té et Fi, agrippés aux épaules de Scott, poussèrent de petits cris stridents.

Scott rattrapa la main de Jill, de justesse.

– Cramponne-toi, Jill ! cria-t-il, je vais te hisser !

– Surtout, ne lâche pas la harpe ! cria Jill.

– Ne t'inquiète pas, essaie de caler tes pieds contre la roche !

Mais Jill dérapa à nouveau.

– Oh, par notre reine ! Elle va s'écraser tout en bas ! hurla Fi.

– Fi, ce n'est vraiment pas le moment de dire ce genre de choses ! gronda Té.

La main de Scott ne desserra pas celle de Jill et il finit par la ramener jusqu'à lui.

– Merci, dit Jill, tremblante, si on m'avait dit qu'un jour un MacPherson me sauverait la vie !

– C'est aussi un MacPherson qui t'a mise dans ce pétrin, Jill, répondit Scott.

Elle le regarda en souriant et au même moment un souffle d'air caressa les pentes de l'île.

7
La porte des géants

— Écoutez !
La harpe, calée devant eux, commença à sonner imperceptiblement. Té et Fi s'agitèrent :
— Vite, Scott, pose-nous par terre, nous risquons de t'écraser !
Le vent souffla de plus belle et les cordes de la harpe vibrèrent. Elles produisaient un son fabuleux qui rendait l'atmosphère magique.

Presque aussitôt, Fi devint une grande jeune fille et Té, un jeune homme robuste, puis ils prirent rapidement des proportions extravagantes jusqu'à dépasser la taille d'un arbre. Lorsque la harpe cessa de chanter, Té et Fi mesuraient plus de cent mètres.

Enchantés d'avoir retrouvé leur taille d'origine, ils firent un signe de la main à Scott et Jill pour les remercier. Puis, d'un pas de géant qui fit trembler la montagne, ils franchirent la porte invisible qui menait à leur monde et disparurent complètement.

Jill et Scott restèrent un moment à regarder vers le sommet.

– Et voilà, ils sont partis, dit tristement Scott.

Scott MacPherson et Jill Brown regagnèrent la petite barque en silence.

Jill fit remarquer :

— Tout le monde va penser que c'est grâce à Fergus que le village est enfin libéré des cris.

— L'essentiel, répondit Scott en commençant à ramer, c'est que Té et Fi aient pu rejoindre leur monde. Et puis, au moins, on va à nouveau bien dormir la nuit !

— Ne parlons pas trop vite, dit Jill. Avec son assiette de haggis froid, Fergus est capable de réveiller un monstre encore plus bruyant que les géants !

— Le monstre du loch Lomond ? demanda Scott.

Jill et Scott éclatèrent de rire, tandis que la petite barque filait sur les flots argentés. Au loin, des rayons de soleil traversaient les nuages et venaient couvrir de leur douce lumière la surface paisible du plus mystérieux des lochs écossais.

Achevé d'imprimer en juin 2009 par Pollina - L50919B
Imprimé en France